우리에게는 온기가 있기에

어쩌면 오늘도
마주하고 있을
사랑이라는 따뜻함

연그림 에세이

우리에게는 온기가 있기에

지치지 않고

쉼 없이 세상을 반짝이게 만드는

_____ 에게

차례

PART 1 ────── 아껴둔 마음

천천히 쌓여 간 우정	● 012
백 점짜리 아빠	● 016
위로하는 방법	● 020
꽃말의 기운이 닿기를	● 024
말로 다 못 전한 마음을	● 028
사랑의 준비	● 032
더 소중한 쪽	● 036
슬퍼도 행복한 이야기	● 040
그렇고 그런 사이	● 044
어떤 결심의 계기	● 048
할머니는 다 알지	● 054
마음을 전하는 그림	● 058

PART 2 ······ 가장 소중한 건 함께하는 지금

그 마음 모를 줄 알았지	064
가장 행복한 연말 보내기	069
말로는 다 전할 수 없는 사랑의 깊이	074
그때 그 마음	078
기다리는 마음	082
꽤 괜찮은 어버이날 선물	086
행복의 모양	090
미워할 수 없는 이유	096
미안하게 왜 그래	100
엄마의 귀여운 걱정	105
요정의 선물	110
서로만 생각한 마음들	113
사랑한다는 뜻이야	117
마음 챙김	121

PART 3 ······ 우린 다 잘 될 거야

든든한 보호자	128
아름다운 작전	132
무한히 사랑할 사람	136
보석처럼 빛나는 친구들	140
순진하고 예쁜 녀석들	145
뜨끈하게 영원히	149

그 마음을 다 알기에 • 153
참 스승 • 158
나만의 일등 • 164
꼭 필요했던 말 • 168

PART 4 ········ 눈부시게 빛나는

마음으로 기억하는 것 • 174
사랑의 전략 • 177
한마디의 힘 • 181
잊고 살았던 것 • 184
두 가지 거울 • 189
뜻밖의 값진 선물 • 192
취향 저격 선물 • 195
그 마음 다치지 않게 • 199
소중한 보물 • 203
사랑의 자랑 • 207

PART 5 ········ 나누며 채우는 행복

두 사람을 위한 선물 • 214
작은 관심이 바꿔 놓은 것 • 219
온기를 건네요 • 225
행운의 기운아, 퍼져라 • 230

아무리 갚아도 부족한 은혜	236
초콜릿보다 더 달달한	241
몽글몽글 아저씨	245
마음의 온도	248
작지만 강한 방법	252
멋진 동네 사람들	255
마음 나눔	259
수상한 아줌마	264
기다려지는 사람	268
진심을 드려요	273

PART 6 ·········· 미공개 에피소드

최고의 선물	280
같은 소원	284
행복했으면 좋겠어	289
작가의 말	294

PART 1

아껴둔 마음

천천히 쌓여 간 우정

백 점짜리 아빠

위로하는 방법

꽃말의 기운이 닿기를

말로 다 못 전한 마음을

사랑의 준비

더 소중한 쪽

슬퍼도 행복한 이야기

그렇고 그런 사이

어떤 결심의 계기

할머니는 다 알지

마음을 전하는 그림

PART 2

가장 소중한 건 함께하는 지금

그 마음 모를 줄 알았지

가장 행복한 연말 보내기

말로는 다 전할 수 없는 사랑의 깊이

그때 그 마음

기다리는 마음

꽤 괜찮은 어버이날 선물

행복의 모양

미워할 수 없는 이유

미안하게 왜 그래

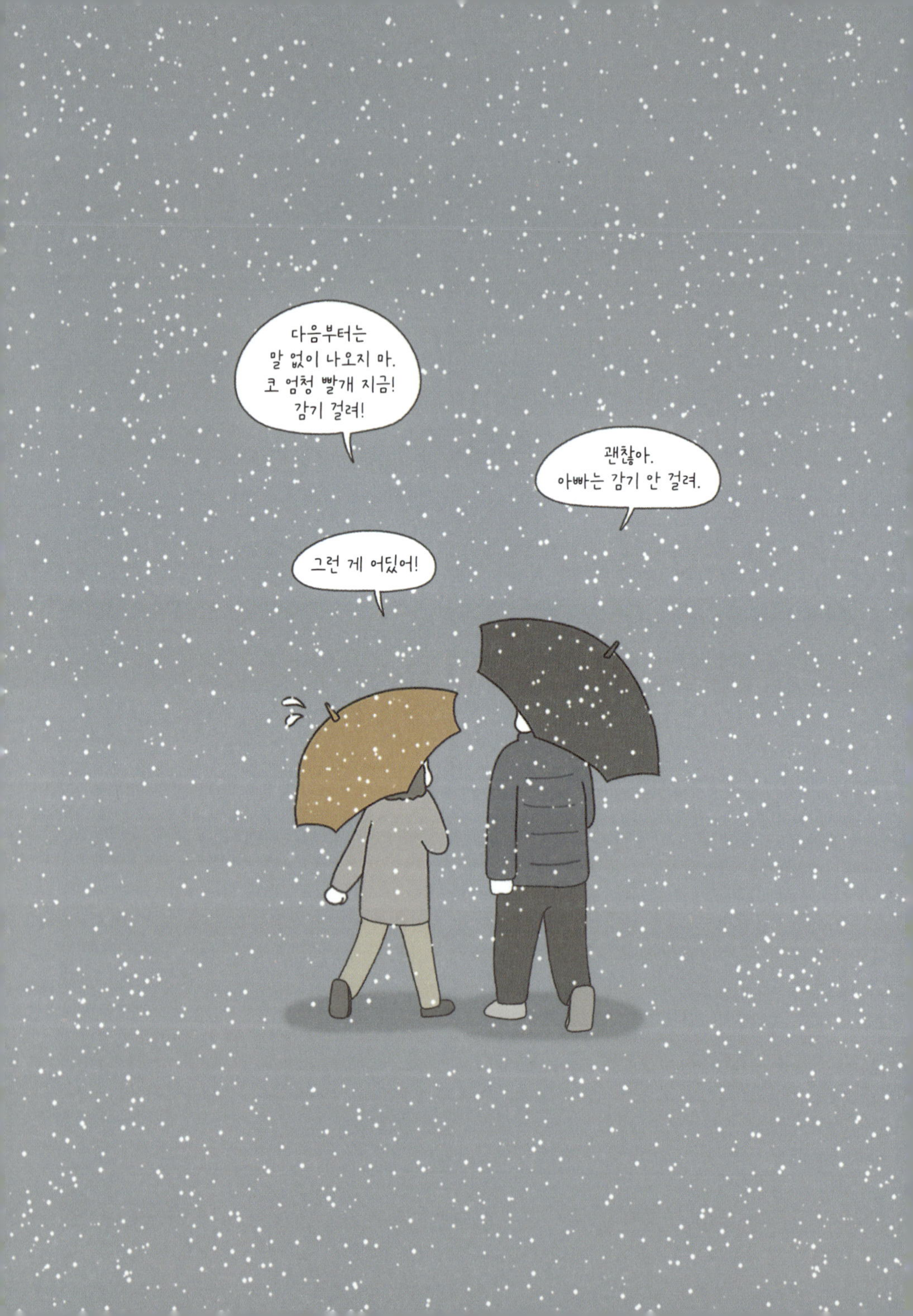
다음부터는 말 없이 나오지 마. 코 엄청 빨개 지금! 감기 걸려!
괜찮아. 아빠는 감기 안 걸려.
그런 게 어딨어!

엄마의 귀여운 걱정

요정의 선물

서로만 생각한 마음들

사랑한다는 뜻이야

마음 챙김

PART 3

우린 다 잘 될 거야

든든한 보호자

아름다운 작전

무한히 사랑할 사람

보석처럼 빛나는 친구들

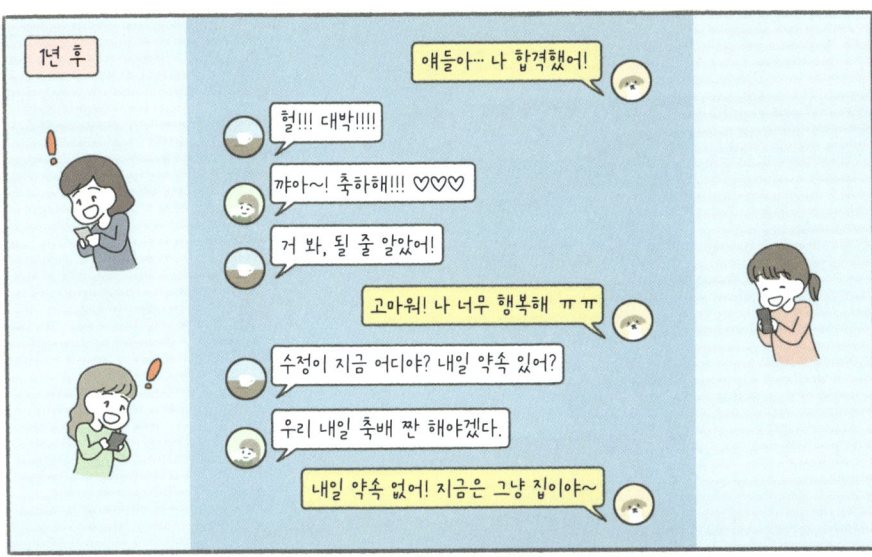

순진하고 예쁜 녀석들

뜨끈하게 영원히

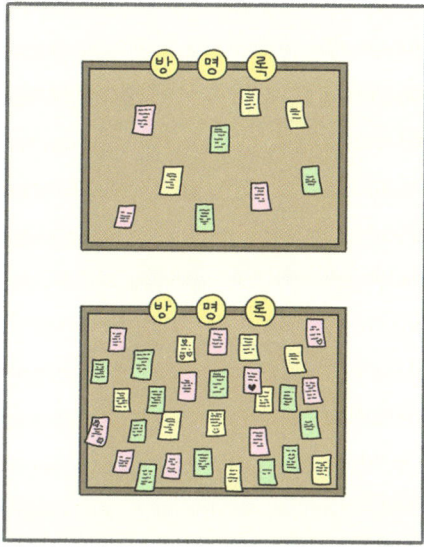

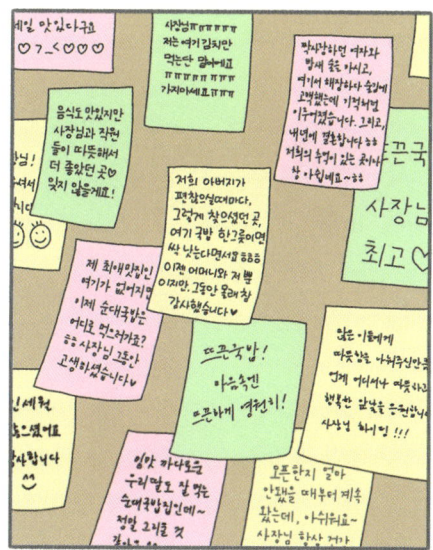

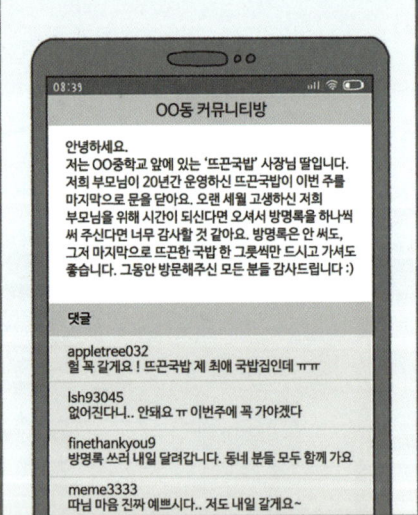

그 마음을 다 알기에

참 스승

나만의 일등

꼭 필요했던 말

PART 4

눈부시게 빛나는

마음으로 기억하는 것

사랑의 전략

한마디의 힘

잊고 살았던 것

두 가지 거울

뜻밖의 값진 선물

취향 저격 선물

그 마음 다치지 않게

소중한 보물

사랑의 자랑

PART 5

나누며 채우는 행복

두 사람을 위한 선물

작은 관심이 바꿔 놓은 것

온기를 건네요

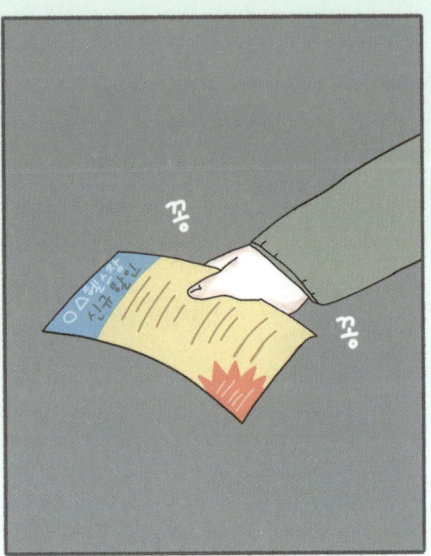

행운의 기운아, 퍼져라

아무리 갚아도 부족한 은혜

초콜릿보다 더 달달한

몽글몽글 아저씨

마음의 온도

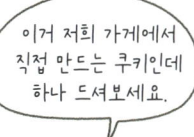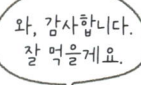

작지만 강한 방법

멋진 동네 사람들

마음 나눔

수상한 아줌마

기다려지는 사람

진심을 드려요

PART 6

미공개 에피소드

최고의 선물

같은 소원

행복했으면 좋겠어

작가의 말

처음에는 생각을 기록하는 사람이었습니다. 지치고 힘든 날 스스로를 위로하며, 하루 끝의 감상이나 다짐을 그림으로 그렸습니다. 그런데 어느 날부터 친구와 나눈 대화에서 인상 깊었던 순간이나 가족과의 소중한 시간, 길에서 마주친 따뜻한 장면 등을 기록하기 시작했습니다. 그런 순간들은 자꾸 떠올려도 좋았습니다. '난 괜찮다', '할 수 있다' 같은 뻔한 말보다, 삶의 따스한 기억이 저에게는 더 위로가 됐습니다.

그런데 점점 그런 순간을 마주하는 것이 어렵습니다. 사람들은 마스크로 얼굴을 가리고, 고개를 숙여 스마트폰만 보느라 서로 눈을 마주치지 않습니다. 보고 있는 스마트폰 속 사정도 마찬가지입니다. 신경을 곤두세우고 자극적인 뉴스를 찾으며, 대립된 의견으로 싸우고 있습니다. 세상이 무채색으로 변하고 마음이 힘든 사람이 자꾸 늘어나는 것 같아요.

저 역시 그런 시기가 있었습니다. 부정적인 마음 때문에 미래를 계획하지 못하고, 자신을 돌보지 않던 순간이요. 하지만 그럼에도 내일은 또 오고, 우리는 살아가야 합니다. 저는 사람들에게 무채색인 세상을 다시 따뜻하게 물들여 보자고 말하고 싶었습니다. 지친 날들 속에서도 즐길 수 있는 행복을, 자신을 사랑하고 타인도 돌볼 줄 아는 마음을 이야기하고 싶었습니다. 따뜻한 밥을 지어 놓고 기다리는 가족의 얼굴이, 오랜만에 모습을 보고 반갑게 웃는 친구의 표정이, 무심코 호의를 베풀었을 때 상대방의 미소가 하루를 가득 채우기도 합니다. 맛있는 걸 먹을 때 누군가 떠오르는 마음, 가진 것을 나누어 함께하고 싶다는 마음, 받은 것에 감동하고 또 보답하려는 마음. 그런 마음들이 오늘과 내일과 모레를 채웁니다.

　사실 우리는 이렇게 살아야 한다는 걸 이미 알고 있지만 마음을 드러내기 어려워합니다. 그래서 사연들을 수집하고, 제 경험을 떠올리기 시작했어요. 그림으로, 대사로, 저만의 방식으로 그려냈고, 마음을 다정하게 꺼내는 방법을 여러 이야기로 표현하는 것이 제 일이 되었습니다.

　어느덧 그림을 그린 지 7년째입니다. 제 그림을 보는 사람들이 많아졌고, 좋아해주시는 분들이 많아졌습니다. 하지만 연그림 세상은 그저 꿈의 이야기이고, 현실은 그다지 아름답지 않다며, 있을 수 없는 일이라고 말하기도 합니다.

　가을 수확물 숙제를 조금 다르게 해간 아이는 9살의 저입니다. 화이트데이에 회사에서 미화원님께 초콜릿을 드린 남자는 제 남편의 5년 전 이야기입니다. 수능 날 청심환 두 개를 먹은 딸이 걱정되어 대낮부터 학교로 달려간 건 저희 어머니입니다. 제가 그리는 이야기는 그렇게 다른 세상이 아닙니다. 저의, 가족의, 친구의 이야기이며 누구에게나 있을 수 있는 일상입니다.

　가끔 이렇게 묻는 사람들도 있습니다.
　"이 이야기가 정말 실화인가요?"
실화든 아니든 저는 이렇게 대답하고 싶습니다. 믿기지 않을 만큼 감동을 느꼈다면, 정말 실화이길 바란다면, 당신도 제 이야기의 주인공이 될 수 있다고. 그런 세상을 저와 함께 만들어 가자고요.

당신의 일상 곳곳에 작은 꽃이 피어나길
연그림

우리에게는 온기가 있기에

초판 1쇄 발행 2023년 5월 2일
초판 2쇄 발행 2023년 5월 12일

지은이 연그림

펴낸이 김선식
펴낸곳 다산북스

경영총괄이사 김은영
어린이사업부총괄이사 이유남
책임편집 이지양 **디자인** 김은지 **책임마케터** 안호성
어린이콘텐츠사업2팀장 이지양 **어린이콘텐츠사업2팀** 유보황
어린이디자인팀 남희정 남정임 김은지 이정아
마케팅본부장 권장규 **마케팅5팀** 최민용 박상준 송지은 안호성
미디어홍보본부장 정명찬 **어린이홍보파트** 이예주 문윤정
저작권팀 한승빈 이슬
재무관리팀 하미선 윤이경 김재경 안혜선 이보람
인사총무팀 강미숙 김혜진 지석배 박예찬 황종원
제작관리팀 이소현 최완규 이지우 김소영 김진경 양지환
물류관리팀 김형기 김선진 한유현 전태환 전태연 양문현 최창우

출판등록 2005년 12월 23일 제313-2005-00277호
주소 경기도 파주시 회동길 490
전화 02-704-1724 **팩스** 02-703-2219
다산어린이 카페 cafe.naver.com/dasankids **다산어린이 블로그** blog.naver.com/stdasan
종이 IPP **인쇄 및 제본** 한영문화사 **코팅 및 후가공** 평창피앤지

ISBN 979-11-306-9928-8 07650

- 책값은 뒤표지에 있습니다.
- 파본은 본사 또는 구입한 서점에서 교환해 드립니다.
- 이 책은 저작권법에 의하여 보호를 받는 저작물이므로 무단 전재와 복제를 금합니다.